ANALIZA KSIĄŻKI

AF142070

Baśnie

• • • • • • • • • • • • • •

Braci Grimm

ANALIZA KSIĄŻKI

Napisany przez Dominique Coutant-Defer
Przetłumaczony przez Kâmil Kowalski

Baśnie

. . . .

Braci Grimm

JACOB I WILHELM GRIMM

NIEMIECCY JĘZYKOZNAWCY I AUTORZY

- **Urodzili się w 1785 (Jacob) i 1786 (Wilhelm) w Hanau.**

- **Zmarli w 1863 (Jacob) i 1859 (Wilhelm) roku w Berlinie.**

- **Godne uwagi prace:**

- *Bajki dla dzieci i domowników* (znane również jako *Baśnie Grimmów*, 1812-1815), baśnie

- *Sagi niemieckie* (1816-1818), tradycyjne legendy niemieckie

- *Słownik niemiecki* (1861), słownik

Jacob (1785-1863) i Wilhelm (1786-1859) Grimm byli niemieckimi braćmi, którzy bardzo interesowali się wszystkimi aspektami kultury germańskiej. Byli zafascynowani językiem niemieckim (o czym świadczą m.in. ich *Gramatyka niemiecka,* 1819-1837 i *Słownik niemiecki,* 1838-1861), jego mitami, legendami i folklorem (*Sagi niemieckie,* 1816-1818) oraz pochodzeniem niemieckiego prawa.

Bracia Grimm uwiecznili germański folklor ustny w kulturze popularnej, tworząc pisemne relacje z takich baśni jak "Galantyczny krawiec", "Muzykanci z Bremy", "Jaś i Małgosia" czy "Roszpunka". Powstały także nowe wersje baśni rozsławionych wcześniej przez francuskiego pisarza Charlesa Perraulta (1628-1703), takich jak "Kopciuszek", "Piękna i Bestia" czy "Czerwony Kapturek".

BAŚNIE

SIEDEM NAJSŁYNNIEJSZYCH OPOWIEŚCI BRACI

- **Gatunek:** bajki

- **Wydanie referencyjne: Grimm**, J. i Grimm, W. (1993) Grimm's *Fairy Tales*. Ware, Hertfordshire: Wordsworth Editions.

- Pierwsze **wydanie:** 1812

- **Tematyka:** dobro, zło, rodzina, miłość, odwaga, niebezpieczeństwo, przyjaźń

Siedem omawianych w tym przewodniku baśni wchodzi w skład zbioru Bajek dla dzieci, znanego również jako Baśnie Braci Grimm, wydanego w latach 1812-1815.

- "Żabi książę" opowiada historię księcia, który został przemieniony przez klątwę czarownicy.

- Kochająca matka w "Wilku i siedmiu koźlątkach" ratuje swoje dzieci, które zostały pożarte przez wilka, rozcinając mu brzuch.

- Dzieci w "Jasiu i Małgosi" zostają porzucone przez rodziców i uciekają ze szponów czarownicy, która zwabia je do swojego piernikowego domku.

- Tytułowy bohater "Dzielnego małego krawca" zbija majątek, chwaląc się, że "jednym uderzeniem zabił siedmiu".

Wszyscy myślą, że zabił siedmiu mężczyzn, ale tak naprawdę zabił tylko siedem much.

- Leniwa dziewczyna w "Trzech prządkach" dostaje trzy inne kobiety, aby robiły za nią przędzenie i w ten sposób zdobywa rękę króla w małżeństwie.

- Piękna, naiwna bohaterka "Śnieżki" mieszka z siedmioma krasnoludkami i zostaje prawie zabita przez obsesyjnie zazdrosną macochę. W końcu poznaje i zakochuje się w przystojnym księciu.

- Pomysłowe zwierzęta z "Muzykanci z Bremy" ratują się poprzez swój krzyk.

STRESZCZENIE

"ŻABI KSIĄŻĘ"

Dawno, dawno temu, "kiedy jeszcze można było życzyć sobie tego, co się chciało", piękna księżniczka gubi w fontannie cenną złotą piłkę. Jest zrozpaczona, ale wtedy pojawia się ohydna żaba i mówi jej, że może odzyskać piłkę, jeśli będzie jego przyjacielem. Zgadza się, ale kiedy ma już swoją piłkę, zapomina o swojej obietnicy i odwraca żabę, kiedy przychodzi do królewskiego pałacu. Kiedy król dowiaduje się, nakazuje córce dotrzymać słowa, więc niechętnie oferuje do akcji jej jedzenie i picie z żabą. Jednak ona rysuje linię na pozwalając mu dzielić jej łóżko, i rzuca go o ścianę w obrzydzeniu. Żaba następnie zamienia się w przystojnego księcia, który spełnia życzenia jej ojca i poślubia ją. Mówi jej, że został zamieniony w żabę przez złą wróżkę, a księżniczka była jedynym, który mógł złamać zaklęcie. Tymczasem książę sługa Henry udaje się cofnąć trzy żelazne pasma, które zostały otoczone jego serce, aby zatrzymać go pęka na jego pana transformacji.

"WILK I SIEDEM MAŁYCH KÓZEK"

Koza-matka mówi swoim siedmiu dzieciom, żeby nie otwierały drzwi wilkowi, kiedy ona jest poza domem. Kiedy wilk pojawia się przed domem, dzieci rozpoznają go po zachrypniętym głosie. Zmiękcza głos kredą, ale kiedy wraca do domu, daje o sobie znać, opierając czarną łapę o okno. W końcu oszukuje dzieci do wpuszczenia go przez pokrycie jego łapy w mące tak, że myślą, że ich matka wróciła. Pożera je wszystkie, oprócz jednego dziecka, któremu udaje się ukryć w zegarze.

Gdy matka wraca do domu, ocalałe dziecko mówi jej, co się stało. Następnie idzie do wilka, który śpi w pobliżu i rozcina mu brzuch, aby uwolnić swoje dzieci. Są jeszcze żywe i nieuszkodzone, bo "w swej chciwości łobuz połknął je w całości". Zastępuje je dużymi kamieniami i zaszywa z powrotem wilczy żołądek. Kiedy wilk się budzi, jest spragniony, więc idzie do fontanny, żeby się napić i tonie, ciągnięty w dół przez kamienie w żołądku.

"HANSEL I GRETHEL"

Para ubogich rzeźników nie może sobie pozwolić na wykarmienie dwójki swoich dzieci, Hansela i Grethel, więc obmyślają plan porzucenia ich w lesie. Jednak Hansel podsłuchuje ich i postanawia upuścić na ścieżkę błyszczące kamienie, aby mogli znaleźć wyjście. Kiedy wracają do rodziców, matka postanawia spróbować jeszcze raz, ku przerażeniu ojca. Tym razem jednak zamyka drzwi, więc Hansel, który po raz kolejny wszystko słyszał, nie może podnieść żadnych kamieni przed wyjściem. Zamiast tego upuszcza okruchy z kawałka chleba, który dała im matka, ale ślad po nich zjadają ptaki. Dzieci spędzają trzy dni błądząc po lesie, aż docierają do małego domku "zbudowanego z chleba i pokrytego ciastem". Zgłodniałe, natychmiast zasiadają do jedzenia.

Z domu wyłania się pozornie życzliwa staruszka, która je wita. Jednak tak naprawdę jest ona czarownicą, która zwabia dzieci do swojego domu, aby móc je zjeść. Zamyka Hansela w stajni i zaczyna go tuczyć w ramach przygotowań. Na szczęście w dniu, w którym planuje go zabić, Grethel udaje się uwięzić ją w piecu. Dzieci zabierają drogocenne kamienie ukryte w domu i wracają do ojca, który od czasu, gdy je opuścił, jest niepocieszony. Ich matka zmarła, gdy ich nie było. Trójka z nich żyje długo i szczęśliwie.

"DZIELNY MAŁY KRAWIEC"

Dzielny krawiec używa szmaty do zabicia siedmiu much, które wylądowały na jego jedzeniu. Świętuje swój wyczyn, wykonując pas z napisem "Siedem za jednym zamachem!", i postanawia objechać świat, by pokazać swoją odwagę. Spotyka olbrzyma, który zakłada, że zabił siedmiu ludzi i wyzywa go na pojedynek, ale krawiec wykorzystuje swój spryt, by go pokonać. Następnie przybywa do zamku, gdzie zostaje zatrudniony, by służyć królowi z powodu tego samego nieporozumienia. Jednak dworzanie boją się go i opuszczają służbę swojego władcy. Król obiecuje krawcowi swoją córkę i królestwo, jeśli ten pozbędzie się dwóch przerażających olbrzymów. Krawiec wspina się na drzewo i rzuca kamieniami w śpiących olbrzymów. Kiedy się budzą, każdy z nich oskarża drugiego i w końcu zabijają się nawzajem. Po powrocie do pałacu król wyznacza mu nowe wyzwanie: musi schwytać potężnego jednorożca. Krawiec stoi przed drzewem i drwi jednorożca tak, że ładuje się na niego. W ostatniej chwili wyskakuje z drogi, by ten wbił się w drzewo rogiem i został uwięziony. Król stawia przed nim trzecie i ostatnie wyzwanie: musi schwytać dzika, który pustoszy las. Krawcowi znów się udaje i zostaje nagrodzony ręką księżniczki w małżeństwie.

Jednak pewnej nocy słyszy ona, jak krawiec mówi przez sen o swojej pracy i skarży się ojcu, że zmusza ją do małżeństwa z chłopem. Król chce go złapać we śnie, ale giermek młodzieńca podsłuchuje i ostrzega swojego pana, który przeraża szpiegów wysłanych przez starego króla krzycząc "Siedmiu zabiłem jednym uderzeniem". Ci uciekają w popłochu, a mały krawiec, który został królem, jest wolny na dobre.

"TRZY PRZĄDKI"

Królowa, która "nie lubi nic bardziej niż dźwięk kołowrotka", zatrudnia młodą prządkę i obiecuje jej rękę swojego syna, jeśli ta szybko przędzie dużą ilość lnu. Ponieważ dziewczyna jest zbyt leniwa, by wykonywać pracę samodzielnie, korzysta z pomocy trzech nieatrakcyjnych, wulgarnych kobiet, które zgadzają się prząść za nią, jeśli ona będzie udawać, że są jej kuzynkami i zaprosi je na swoje wesele. W dniu ślubu książę, który jest zachwycony, że znalazł tak pracowitą żonę, jest zszokowany tym, jak brzydkie są jej "kuzynki". Wyjaśniają, że ich deformacje (opadające usta i nieproporcjonalnie duże stopy i kciuki) pochodzą z ich pracy jako prządki. Książę zakazuje więc swojej nowej żonie przędzenia, dzięki czemu zostaje ona zwolniona z zadania, którego tak bardzo nienawidziła.

"KROLEWNA ŚNIEŻKA"

Próżna macocha Śnieżki, zwanej tak ze względu na biel jej cery, dowiaduje się z magicznego lustra, że jej pasierbica będzie kiedyś piękniejsza od niej. Nie mogąc się z tym pogodzić, prosi myśliwego, by zabrał młodą dziewczynę do lasu i zabił. Myśliwy lituje się nad zdesperowaną dziewczyną i nie może się zmusić do zabicia jej, więc zabija dzika zamiast tego i zabiera jego serce z powrotem do królowej jako symbol. Śnieżka szuka schronienia w maleńkim domku zamieszkałym przez siedmiu krasnoludków, którzy poruszeni jej historią postanawiają ją adoptować. Jednak lustro królowej mówi jej, że Śnieżka wciąż żyje i mieszka w górach. Królowa przebiera się za starą akwizytorkę i udaje się do domu siedmiu krasnoludków. Królowa każe Śnieżce przymierzyć pas, ale zapina go tak mocno, że dziewczynka mdleje. Kiedy jednak krasnoludki wracają, udaje im się ją ocucić. Gdy królowa dowiaduje się z lustra, że Śnieżka wciąż żyje, ponownie przyjmuje to samo przebranie i próbuje zabić ją zatrutym grzebieniem. Ona nie udaje się ponownie, a następnie próbuje zabić swoją pasierbicę z zatrutym jabłkiem. Tym razem krasnoludki nie są w stanie nic zrobić, by ją uratować, a zrozpaczeni towarzysze umieszczają jej nieskazitelnie czyste ciało w szklanej trumnie. Pewnego dnia, przechodzący obok syn króla, olśniony urodą Śnieżki, pyta krasnali, czy może zabrać trumnę ze sobą. W drodze powrotnej kawałek jabłka, który utkwił w jej gardle, zostaje wyrwany i Śnieżka budzi się. Książę poślubia ją, a macocha dziewczyny uczestniczy w weselu, dowiedziawszy się, że nowa królowa jest od niej piękniejsza. Po tym, jak zdaje sobie sprawę, że narzeczona księcia jest w rzeczywistości Snow-white, jest zmuszony do tańca w płonących pantoflach, a kończy się umiera z bólu.

"MUZYKANCI Z BREMY"

Osioł, pies, kot i kogut, którym wszyscy panowie grozili śmiercią, postanawiają wyjechać do Bremy i zostać muzykami. Wygłodzeni, udaje im się odpędzić swoim krzykiem grupę zbójów siedzących przy stole w domu. Siedząc jeden na drugim, "też osioł brykał, pies szczekał, kot miauczał, a kogut zapiał". Następnie zdmuchują świecę i zasiadają w domu. Złodzieje, którzy sądzą, że zwierzęta odeszły, wracają. Jednak ten, który pierwszy wszedł do domu, opowiada swoim towarzyszom, że przeżył straszną mękę z rąk przerażającej czarownicy, człowieka z nożem, czarnego potwora i głośnego sędziego. W rzeczywistości były to cztery zwierzęta, które wykorzystały swoje talenty, aby wypędzić go z domu i wprowadzić się do niego.

STUDIUM POSTACI

DUMNA KSIĘŻNICZKA ("ŻABI KSIĄŻĘ")

Księżniczka jest najmłodszą z wielu córek króla. Mówi się, że "była tak piękna, że samo słońce, które widziało tak wiele, dziwiło się za każdym razem, gdy świeciło nad nią z powodu jej urody". Kiedy traci cenną złotą piłkę, którą bawi się, gdy się nudzi, jest gotowa oddać swoją koronę, perły i diamenty, aby ją odzyskać. Szybko zgadza się na przyjaźń z żabą, która mówi, że może jej pomóc. Jest jednak płytka i dumna (jak wiele bohaterek baśni) i wkrótce zaczyna się irytować i brzydzić zwierzęciem. Toleruje go tylko dlatego, że ojciec nakazuje jej przestrzegać obietnicy.

KOZA MATKA ("WILK I SIEDEM MAŁYCH KÓZ")

Ta starsza koza jest "tak czuła dla nich [swoich siedmiu koźląt], jak nigdy matka dla swoich dzieci". Chce je chronić przed wilkiem i choć jest zrozpaczona, gdy wilk je pożera, zbiera się na odwagę, by rozciąć mu brzuch i uwolnić je. Koza jest jedną z dobrych postaci, podczas gdy jej wróg, wilk, jest zły.

HANSEL I GRETHEL

Hansel i Grethel to brat i siostra. Łączy ich silna więź, a wspólne nieszczęście jeszcze bardziej ich do siebie zbliża. Hansel okazuje się być zaradny, opiekuńczy i uspokajający wobec swojej siostry, ale w końcu to ona ratuje ich przed cza-rownicą. Ponadto oboje dzieci nie żywią urazy do swoich rodziców, gdyż po dwukrotnym porzuceniu wracają do nich. Postacie w bajkach zazwyczaj odpowiadają dobrze zdefinio-wanym archetypom; w tej opowieści Hansel i Grethel są dziećmi-ofiarami, podobnie jak Tomek Kciuk i jego bracia w innej znanej bajce.

KRAWIEC ("DZIELNY MAŁY KRAWIEC")

Krawiec jest odważny i pracowity. Jest pod wielkim wraże-niem siebie, kiedy zabija siedem much naraz i postanawia podróżować po świecie, aby pochwalić się tym imponującym wyczynem. Jednak słowa na jego pasku prowadzą ludzi do przekonania, że zabił siedmiu mężczyzn. Podziw i strach, jakie wzbudza, trafiają prosto do jego głowy, a on staje się dumny i chełpliwy. Utrzymuje pozory, wykorzystując swój spryt, by wydawać się znacznie silniejszym, niż jest w rzeczy-wistości, i w ten sposób staje się królem. Wpada w archetyp fałszywego bohatera, który udaje, że posiada cechy prawdzi-wego bohatera.

PRZĄDKA ("TRZY PRZĄDKI")

Prządka jest leniwą dziewczyną (lenistwo to kolejna cecha, która w bajkach kojarzy się z kobietami), której udaje się zdo-być rękę księcia poprzez nakłonienie trzech innych kobiet, które twierdzą, że dzięki przędzeniu stały się brzydkie, do wykonania pracy, której zażądała od niej królowa.

ŚNIEŻKA

Śnieżka opisana jest jako "biała jak śnieg, czerwona jak krew, a jej włosy były czarne jak heban". Jak w przypadku wielu bajkowych postaci, narracja skupia się na jej wyglądzie fizycznym i nie poznajemy jej prawdziwego imienia. Jej okrutna macocha jest zazdrosna o jej urodę i wykorzystuje jej naiwność i ufną naturę, aby ją zabić. Uroda i dobroć księżniczki pozwalają jej oczarować księcia, dają czytelniczkom nadzieję i wzbudzają w nich litość.

MUZYCZNE ZWIERZĘTA ("MUZYKANCI Z BREMY")

Osioł, pies, kot i kogut (zwierzęta, które często występują w bajkach) mają zostać zabite przez swoich panów, ponieważ się zestarzały. Aby uniknąć tego losu, wyruszają do Bremy, gdzie zamierzają zostać muzykami. W końcu jednak ich krzyki odstraszają bandę rabusiów, dzięki czemu mogą wprowadzić się do zajmowanego przez nich domu.

ANALIZA

STRUKTURA NARRACYJNA

Wszystkie bajki omawiane w tym przewodniku mają konwencjonalną strukturę narracyjną gatunku. Zilustrujemy to na przykładzie "Śnieżki".

Sytuacja początkowa: to początek opowiadania, czas na ustawienie sceny i wprowadzenie bohaterów; sytuacja jest zrównoważona, co oznacza, że nie ma powodu, by się zmieniła.

- Próżna macocha Śnieżki nie może znieść myśli, że inna kobieta jest piękniejsza od niej.

Element zakłócający: jest to wydarzenie, które ma miejsce, zmieniając sytuację wyjściową i uruchamiając prawdziwą historię.

- Magiczne lustro królowej mówi jej, że Śnieżka jest od niej piękniejsza, więc postanawia się jej pozbyć.

Rozwój: są to wydarzenia wywołane przez element zakłócający, które skłaniają bohatera do podjęcia działań w celu rozwiązania problemu.

- Myśliwy, któremu królowa zleciła zabicie Śnieżki, lituje się nad nią i zostawia ją w lesie. Następnie zamieszkuje u siedmiu krasnoludków. Kiedy dowiaduje się, że jej pasierbica wciąż żyje, zła królowa przebiera się i podejmuje kilka nieudanych prób zabicia jej, zanim w końcu udaje jej się z zatrutym jabłkiem.

Wynik: kończy rozwój wydarzeń i prowadzi do konkluzji.

- Przechodzący książę zabiera trumnę Śnieżki do swojego pałacu. Po drodze Śnieżka odkaszluje jabłko i budzi się.

Wniosek: jest to zakończenie historii. Sytuacja jest znowu stabilna, jak sytuacja wyjściowa, ale uległa pewnym zmianom.

- Książę poślubia Śnieżkę, a królowa umiera podczas wesela.

GATUNEK BAŚNIOWY

Gatunek baśni, do którego należy wszystkie te siedem opowieści, wywodzi się z tradycji ustnej i został spopularyzowany i skodyfikowany przez pisarzy takich jak Charles Perrault i bracia Grimm. Kluczowe cechy gatunku można znaleźć we wszystkich opowieściach składających się na Baśnie *Grimm*:

- **Opowiadania są krótkie** (zaledwie po kilka stron).

- **Liczba** bohaterów **jest ograniczona, a historie skupiają się na kilku głównych postaciach**, takich jak cztery zwierzęta w "Muzykantach z miasta Bremy" czy Hansel, Grethel i czarownica w "Hansel i Grethel".

- **Wygląd fizyczny bohaterów nie jest opisany szczegółowo, a ich głębia psychologiczna jest minimalna:** są opisani tylko w takim stopniu, w jakim ten opis służy fabule. Na przykład uroda Śnieżki jest opisana tylko po to, by wyjaśnić zazdrość macochy.

- **Często sprowadza się je do archetypów,** których cechy i funkcja nie różnią się w poszczególnych opowieściach: książę, król, piękna księżniczka itp.

- **Bohaterowie są albo dobrzy, albo źli, bez szarych stref.** Na przykład kochająca matka koza stoi w bezpośrednim kontraście do złego wilka w "Wilku i siedmiu małych kozach", podczas gdy Śnieżka jest polarnym przeciwieństwem swojej złej macochy.

- **Daty i miejsca są często niejasne,** gdyż początki opowieści wydają się być stracone dla czasu: "Pewnego razu...". Choć miejsca są określone (las, zamek, wieś itp.), nie wiemy, gdzie dokładnie się znajdują, co nadaje opowieściom wymiar uniwersalny.

- **W baśniach pojawiają się fantastyczne stworzenia,** takie jak czarownice ("Hansel i Grethel", "Żabi książę") czy gadające zwierzęta ("Muzykanci z miasta Bremy").

- **Opowiadania zawierają liczne elementy fantastyczne i nadprzyrodzone:** fantastyczne stwory, magiczne przedmioty (np. magiczne lustro w "Śnieżce") oraz wydarzenia takie jak metamorfoza (zwłaszcza w "Żabim księciu").

- **Wyraźny jest też wymiar symboliczny –** niektóre miejsca, jak np. las, odgrywają większą rolę niż tylko miejsce akcji opowieści. Ciemny las jest przedstawiany jako miejsce niebezpieczne: to tam księżniczka gubi złotą kulę w "Żabim księciu" i tam Hansel i Grethel zostają pozostawieni swojemu losowi. Niezliczone opowieści z kultur całego świata ("Czerwony Kapturek" i seria o Harrym Potterze, by wymienić tylko kilka) przedstawiają go jako miejsce przerażające i jest on wyraźnie za takie uważany w zbiorowej podświadomości.

- Wreszcie, **bajki mają cel edukacyjny:** często przekazują morał i są skierowane głównie do młodych czytelników, którzy mogą za ich pomocą znaleźć odpowiedzi na swoje zmartwienia czy obawy. Na przykład "Wilk i siedem małych koźlątek" oraz "Śnieżka" ilustrują niebezpieczeństwo wpuszczania do domu obcych. Niektóre cechy, takie jak dobroć w "Żabim księciu" i miłość rodzinna w "Jasiu i Małgosi" oraz "Wilku i siedmiu koźlątkach", są chwalone, podczas gdy inne, takie jak niegodziwość i zazdrość w "Śnieżce", są karane.

DALSZE CZYTANIE

WYDANIE REFERENCYJNE

Grimm, J. i Grimm, W. (1993) Grimm*'s Fairy Tales*. Ware, Hertfordshire: Wordsworth Editions.

Chcemy usłyszeć od Ciebie, co się dzieje!
Zostaw komentarz na temat swojej internetowej biblioteki
i podziel się swoimi ulubionymi książkami w mediach społecznościowych!

Dlaczego warto wybrać Must Read?

Dowiedz się wszystkiego, co musisz wiedzieć o książce dzięki naszym zwięzłym i dogłębnym streszczeniom i analizom!

Odkryj to, co najlepsze w literaturze w zupełnie nowym świetle!

www.50minutes.com

www.50minutes.com

Master ISBN: 9782808695329
Papierowy ISBN: 9782808616720
Depozyt prawny: D/2023/12603/1952

Verhaal: © Primento

Projekt cyfrowy: Primento, cyfrowy partner wydawców.